FOLIO CADET

Traduit de l'espagnol par Olivier Malthet

Maquette : David Alazraki

ISBN : 2-07-056991-8
Titre original : *La música de Paul*
Édition originale publiée par Farben Grupo Editorial Norma, Costa Rica, 2002

N° d'édition : 1924
Loi n° 49-956 du 16 juillet 1949
sur les publications destinées à la jeunesse
Dépôt légal : septembre 2004
Imprimé en France par I.M.E

Lara Ríos

Une musique magique

illustré par Vicky Ramos

GALLIMARD JEUNESSE

Pour mon époux, mes enfants et mes petits-enfants
Qui m' ont aidée à parsemer d' étoiles
le chemin qui mène aux enfants.

Une belle frayeur

– Allez, dépêche-toi, Chori, j'aimerais passer aujourd'hui chez M. Paul. Cela fait une semaine que je ne l'ai pas vu. Peut-être qu'il a retrouvé ce qu'il avait perdu et qu'il se sent mieux, ai-je dit à mon chien.

J'avais comme le pressentiment que tout n'allait pas si bien depuis la dernière fois que nous nous étions parlé.

Chori et moi, nous avons marché rapidement jusqu'à la maison de M. Paul.

– Tu vas m'attendre dehors une demi-heure, Chori, mais il ne m'a même pas écouté et il est parti à la poursuite d'un chat gris qui passait par là.

La porte était entrebâillée et je suis entré.

– Monsieur Paul ! Vous êtes là ?

Personne n'a répondu ; alors je suis parti à

sa recherche dans toute la maison, calmement, pour ne pas nous surprendre l'un l'autre si jamais il apparaissait tout d'un coup. Quand soudain, j'ai cru entendre des gémissements.

Je me suis dirigé vers la chambre du fond et là, j'ai découvert M. Paul étendu sur son

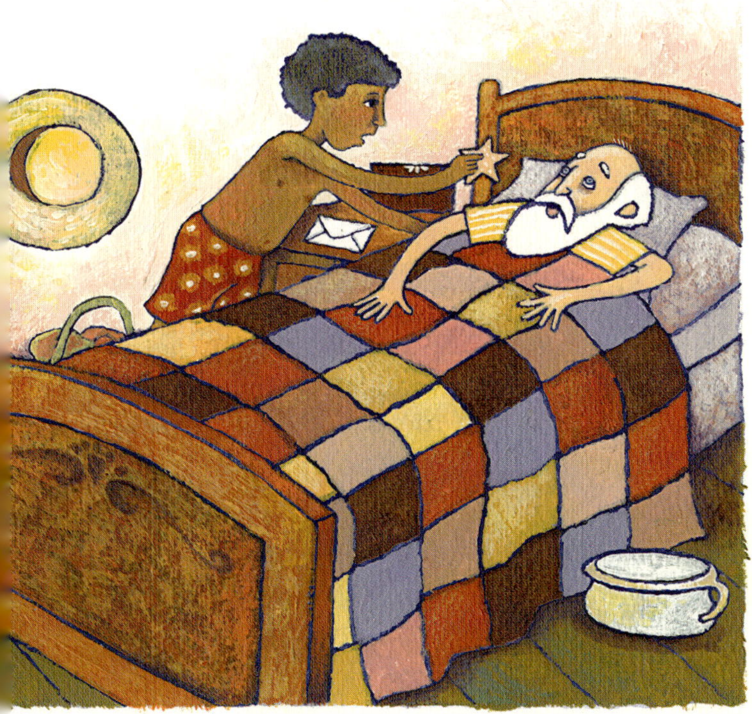

lit, qui regardait le plafond fixement. Sa barbe avait poussé et il avait l'air plus maigre. Ses yeux clairs avaient perdu leur vivacité et leur éclat.

– Monsieur Paul, qu'est-ce qui vous arrive ? Vous vous sentez mal ? Je vous ai apporté un cadeau, regardez : une étoile de mer et deux escargots. Monsieur Paul, répondez-moi.

– De l'eau, a-t-il murmuré, et j'ai remarqué pour la première fois depuis que je le connaissais qu'il avait des dents, mais qu'elles étaient cachées par sa barbe et sa moustache.

J'ai filé à la cuisine ; je lui ai rapporté un verre d'eau et j'ai commencé à lui mouiller les lèvres. Il a bu à petites gorgées puis il a fermé les yeux.

– Monsieur Paul, monsieur Paul… ! ai-je crié affolé.

Il n'a rien répondu. J'ai cru qu'il était mort et je suis parti en courant prévenir ma grand-mère.

CHAPITRE 2

La boîte à musique

Avant de continuer cette histoire, je dois vous raconter le début.

J'ai rencontré M. Paul un jour où je me promenais avec Chori sur la plage. Il était assis sur un tronc d'arbre. Je me suis approché de lui pas à pas, toujours suivi de mon chien qui flairait l'air en remuant son petit bout de queue. M. Paul portait un grand chapeau et traçait des lignes sur le sable humide avec un petit bâton. Je me suis penché pour voir son visage et j'ai remarqué qu'il avait les yeux clairs, comme ceux de la fille qui est sur le calendrier du restaurant, en face de la mer.

– Voulez-vous que je vous apprenne à dessiner le soleil ? lui ai-je demandé en prenant un autre bâton. Regardez, d'abord on fait un cercle, et puis des traits tout autour, comme ça…

Il ne m'a rien répondu ; il s'est levé et il est parti en traînant ses sandales à moitié détachées et ses longues jambes maigres. Je l'ai regardé s'éloigner en direction des maisons des pêcheurs.

J'étais un peu triste et je me suis assis sur le tronc d'arbre. J'ai alors découvert une petite boîte rouge, avec une fleur blanche sur le couvercle. Je l'ai ouverte et une musique douce a ouvert ses ailes en papillonnant autour de mon cœur.

« Comme c'est beau ! » ai-je pensé.

J'ai regardé à l'intérieur de la boîte, pour voir d'où sortait cette mélodie et j'ai aperçu une clé qui tournait tandis que résonnaient les notes de musique. J'ai voulu en savoir plus sur cette mystérieuse boîte et j'ai découvert sous un couvercle en bois une petite roue avec des dents, qui actionnait un cylindre métallique en forme de peigne. Soudain, la musique s'est arrêtée.

« Peut-être que si je tourne la clé… elle se remettra à jouer. »

Et, en effet, la musique a repris ! C'était si beau que j'ai fermé les yeux et j'ai pensé à ma maman lorsqu'elle me chante une berceuse pour m'endormir. La musique de la petite boîte rouge était gaie comme ses chansons.

Malheureusement, maman vit maintenant très loin, à la capitale. Elle fait à manger pour un hôtel. Et ma grand-mère n'a jamais le temps de chanter, car elle est vieille et nous lui donnons beaucoup de travail, mes deux sœurs et moi. Ça ne l'empêche pas de

faire le meilleur poisson frit du monde. Lorsque mes oncles lui en apportent du frais, qui vient d'être pêché, elle le plonge dans l'huile bouillante, et il ressort entièrement grillé. Et c'est un vrai régal, tellement il croque sous la dent. Hum, c'est à s'en lécher les doigts !

Les pétales de la fleur blanche peinte sur le couvercle de la boîte se terminent en pointe, et on dirait qu'elle est couverte de poils blancs et doux, comme la peau des pêches. Au milieu, il y a de belles petites boules jaunes.

« Cette boîte rouge appartient sûrement à ce grand homme maigre. Ce serait une bonne idée de la mettre sous mon oreiller pour écouter la mélodie juste avant de m'endormir. Je me souviendrais alors de maman et j'aurais l'impression d'être à côté d'elle », ai-je pensé.

Sauf que ce n'est pas pareil de la voir en souvenir et de pouvoir la serrer dans ses bras. Tous les mois, maman vient nous voir et nous apporte de belles choses mais, ce qui me plaît le plus, c'est de m'allonger sur ses genoux pendant qu'elle me gratte le dos. Cela me fait des chatouilles et j'éclate de rire ! Qu'est-ce que j'aimerais que maman voie cette boîte à musique ! Je suis sûr qu'elle tournerait plusieurs fois la clé, comme ça…

Je suis rentré chez moi en écoutant la mélodie. Elle bondissait au-dessus de ma tête, et les notes joyeuses voltigeaient parmi

les feuilles des palmiers en faisant des taches de couleur. La mer nous accompagnait car, lorsqu'elle entend de la musique, elle danse et chante tandis que ses vagues ondulent comme les chats qui font le gros dos.

La mer est mon amie. Depuis que je suis petit, elle me berce en imitant le bruit de la pluie et je finis par m'endormir. Mais, si je

fais un cauchemar, la mer n'est plus mon amie ; elle se transforme en vague gigantesque à tête de fantôme, prête à me tomber dessus. Mes cris réveillent alors ma grand-mère, et mes sœurs se fâchent, me disent de me taire et de les laisser dormir. Je sais bien qu'elles doivent se lever tôt le lendemain matin pour aller à l'école et que, à cause de moi, elles passent la journée à moitié endormies, mais ce n'est pas de ma faute ! Grand-mère dit que le fantôme que je vois dans mon rêve est celui de M. Joaquín, un policier tué par des voleurs, sans qu'il ait pu accomplir une promesse qu'il avait faite à saint Alexis. Grand-mère dit qu'il devait certainement au saint quelques pièces de monnaie pour une faveur que celui-ci lui avait accordée, et que c'est pour cela que son âme est en peine sur la terre.

Une nuit, elle l'a vu et a failli mourir de peur. Et moi, je suis terrifié chaque fois que grand-mère raconte cette histoire.

CHAPITRE 3

M. Paul

Je vais arrêter de parler de ma famille pour vous présenter maintenant mon ami Paul.

Le lendemain de notre rencontre sur la plage, j'ai décidé de lui rendre visite. Je devais lui rapporter la boîte à musique !

Il m'a suffi d'interroger les pêcheurs pour savoir quelle était sa maison.

– Celle qui a sur le devant deux palmiers nains couverts de graines jaunes, m'a dit l'un d'eux.

– Eh, Rigo ! s'est écrié un autre. Fais attention à cet homme-là, il est à moitié fou.

J'ai frappé à la porte et il est aussitôt apparu.

– Qu'est-ce que tu veux ? a-t-il demandé.

– Euh... je crois que vous avez perdu cette boîte sur la plage. Elle est à vous, n'est-ce pas ?

« Pourvu qu'il me réponde non », ai-je pensé. Mais il l'a prise dans ses mains et ses yeux se sont remplis de larmes. J'ai cru qu'il allait se mettre à pleurer.

– Oui, elle est à moi, merci, et il l'a emportée à l'intérieur de la maison, en marchant d'un pas lent.

J'ai poussé un profond soupir et je n'ai pu m'empêcher de dire :

– Ah ! Quel dommage !

Car, à la vérité, j'aurais préféré que la boîte à musique n'appartienne à personne.

Il est revenu sur le pas de la porte et m'a invité à entrer. Puis il m'a offert un verre de lait de coco.

– Bois-le tant qu'il est frais, m'a-t-il conseillé. Je viens d'ouvrir des noix de coco de mes palmiers nains.

J'ai bu tout le lait car j'avais très soif.

– Comment vous appelez-vous ? lui ai-je demandé.

– Paul. En espagnol, on dit Pablo.

Il était né dans un pays qui s'appelle l'Allemagne et était arrivé sur la plage de Barco Quebrado* pour se reposer quelques mois, car il avait perdu sa femme et la santé aussi.

– Et votre boîte à musique, ai-je ajouté avec un petit sourire.

Il m'a raconté qu'il avait une maladie, qu'il n'avait plus envie de manger ; il voulait juste rester couché, les yeux fermés. Je connais cette maladie, elle s'appelle tristesse, mais je ne lui ai pas dit.

* Ndt. Bateau Brisé en espagnol.

Après avoir un peu bavardé, il a pris sur une table un livre rempli de cartes en couleur et m'a montré où se trouvait Barco Quebrado, puis il m'a montré son pays, qui se trouve à un quadrant de chez nous. Bon… mais cela, c'est en mesurant avec sa grande main osseuse sur la carte. Car ce quadrant représente beaucoup de kilomètres, il faut traverser une mer mille fois plus grande que celle de Barco Quebrado, où nagent d'énormes baleines et où naviguent des bateaux gigantesques, avec des drapeaux de différents pays.

Ensuite M. Paul s'est levé pour remettre le livre sur la table. Il marchait lentement tandis que ses sandales à moitié détachées faisaient clac, clac, clac.

Sur une autre table, il y avait une photo d'une dame très belle et une autre d'une fille aux cheveux jaunes, comme le maïs que grand-mère pétrit pour faire les galettes.

Quand il m'a vu regarder longuement les photos, il a dit :

– Ma femme s'appelait Isolde, elle est morte il y a quelques mois. Ma fille se nomme Gretel. Elle est grande maintenant, ce n'est plus une enfant, elle vit en Allemagne.

Il y a eu ensuite un long silence. Puis il m'a demandé comment je m'appelais.

– Je m'appelle Rodrigo, mais les gens me surnomment Rigo, c'est plus court. Quant à mon chien, il s'appelle Chori. De chorizo, car il ressemble à un chorizo, ou à une saucisse à quatre pattes. Vous avez vu comme il est long ? Et comme on lui a raccourci la queue, je lui ai raccourci son nom... Ma grand-mère, elle, s'appelle Beatriz, et mes sœurs Inés et Leonor, et j'ai une tortue verte qui s'appelle Juana. Elle porte des lunettes de soleil avec une visière accrochée, et elle vient me voir toutes les nuits, quand je rêve, et...

– Arrête de parler, Rigo, ça suffit. Au revoir et merci pour la boîte à musique.

Je me suis levé d'un bond, car il m'a semblé que M. Paul était en colère. Je suis sorti de la maison en lui disant au revoir sans même le regarder. Chori m'attendait dehors et, dès qu'il m'a vu, il s'est mis à remuer joyeusement la queue.

Grand-mère et mes sœurs ont voulu savoir qui était cet homme.

– Il s'appelle Paul. Il vient d'un pays qui s'appelle Allemagne, qui est sur la carte à un quadrant de Barco Quebrado. Il a toujours aux pieds des sandales à moitié détachées, et il a perdu la santé car sa femme est morte. Il a une fille très belle qui s'appelle

Gretel. Il n'aime pas que l'on parle beaucoup. Il boit du lait de coco et souffre de tristesse ; je ne sais pas s'il a des dents car il ne rit jamais.

Grand-mère m'a demandé si je lui avais rendu la boîte à musique.

– Oui, grand-mère, mais quel dommage !... elle jouait une si belle mélodie.

– Voilà qui s'appelle être honnête, a-t-elle répondu. Vous n'avez peut-être pas vraiment de père ni de mère, mais vous avez une grand-mère très honnête, oui monsieur.

– Presque honnête, grand-mère, ai-je ajouté. L'autre jour, tu as failli voler les œufs que couvait la poule de Mme Lelo.

Le visage de grand-mère est devenu sombre et sérieux. Elle s'est mise à parler de la faim, des quatre bouches à nourrir.

– Allons, grand-mère, ne te fais pas de souci. La vérité c'est que tu n'as pas pu les voler car Mme Lelo est arrivée avant que tu n'aies pu les prendre. Mais nous savons tous que tu es très honnête.

CHAPITRE 4

La tortue Juana

À part Chori, j'ai une amie que presque personne ne connaît : c'est ma tortue Juana, qui vient me voir pendant que je rêve.

Quand je suis seul, elle m'emmène en promenade sur les vagues et je sens l'écume me chatouiller la plante des pieds.

La carapace de Juana est verte avec des reflets bleu et doré. Elle n'enlève jamais ses lunettes de soleil, cerclées de blanc, avec une visière accrochée, comme celles que j'aimerais avoir. Chaque fois que je me mets à rêver, elle me les offre, bien qu'elle en ait plus besoin que moi.

J'adore monter sur sa carapace et sortir me promener la nuit sous la lune. L'écume de la mer prend une couleur argentée, comme si la lune fondait en laissant une grande traînée sur les vagues. Quand la mer est calme, j'écoute mon amie rire aux éclats à cause des poissons qui lui font des chatouilles et je crois entendre le bruit du fleuve en été, quand c'est la sécheresse et qu'il n'y a presque plus d'eau. Quelquefois, Juana m'emporte jusqu'à l'île de Corail qui se trouve devant Barco Quebrado. Il y a des palmiers partout et beaucoup d'autres arbres. Le sol est couvert de coraux blancs qui se sont cassés en morceaux au fil du temps.

Il y a aussi une foule d'animaux, des couleuvres et des écureuils à fourrure rousse et à queue grise, ou des singes noirs qui crient en sautant de branche en branche. Les mamans singes transportent leur bébé sur leur dos. Ce ne serait pas facile pour ma maman si elle devait m'emmener au travail sur son dos, mais ce serait vraiment bien.

Des crabes vivent parmi les racines des arbres. Avec leurs deux pinces colorées, ils creusent des trous ronds et profonds où ils dorment. D'après les pêcheurs, qui font aussi de la plongée, le fond de l'île est bordé de coraux rouges qui ressemblent à des éventails. Au cœur de cette montagne se trouve la caverne où habite Joaquín le fantôme. Quand je demande à Juana d'aller dans la montagne, elle me fait non de la tête.

Mon amie est la plus intelligente et la plus rapide de toutes les tortues. Elle me raconte des histoires sur les fiancés qu'elle a eus et sur les millions d'œufs qu'elle a déposés. Juana aurait tellement voulu entendre la musique de M. Paul ! Des ailes dorées lui auraient peut-être poussé de joie. Chori est très jaloux car, lorsque nous sortons faire un tour, il doit rester à la maison. Il ne sait pas très bien nager et nous avons peur qu'il glisse et se noie pendant que nous avançons sur la mer.

Mais maintenant il faut que je vous raconte combien j'ai eu peur avec M. Paul.

CHAPITRE 5

Grand-mère met de l'ordre

Après lui avoir mouillé les lèvres avec de l'eau, M. Paul est resté muet comme une tombe.

– Grand-mère, grand-mère, je crois que M. Paul est mort ! me suis-je écrié en rentrant chez nous.

– Jésus Marie, que me raconte cet enfant ? s'est-elle exclamée en se séchant les mains sur son tablier.

Nous sommes sortis en courant et, sur le chemin, grand-mère disait :

– Pauvre homme, il est si seul… être veuf, ce n'est pas facile… et puis, les pêcheurs ne l'aiment pas… ils disent qu'il est grincheux… que c'est un vieux fou…

Quand nous sommes arrivés chez lui, M. Paul avait toujours les yeux fermés. Ma grand-mère s'est approchée de lui.

– Il respire encore, mais il semble très faible.

Elle est allée à la cuisine, mais n'a rien trouvé à manger.

– Rigo, attends-moi ici, m'a-t-elle ordonné. Je vais chercher le reste de soupe de poisson du déjeuner.

Je me suis assis à côté de M. Paul et je lui ai passé la main sur les cheveux. J'ai d'abord eu peur de le réveiller, puis je me suis souvenu que grand-mère me caresse comme ça quand je suis malade.

Ses cheveux étaient tout blancs et très fins. Son front ridé était parsemé de taches.

Ça me faisait de la peine de le voir si seul, sans personne qui l'aime… sans même un ami.

Si Juana avait été là, je lui aurais demandé de trouver un médicament qui le guérisse ; mais pour qu'elle vienne, je dois être dans ma chambre et avoir les yeux fermés pour pouvoir m'endormir et lui laisser le temps d'arriver.

J'ai quand même fermé les yeux pour voir si Juana venait, mais c'est ma grand-mère qui est arrivée avec la soupe. Je l'ai regardée faire.

– Allons, monsieur, lui a-t-elle dit, vous devez ouvrir la bouche pour que je vous donne cette soupe qui va vous faire du bien. Ouvrez la bouche, soyez gentil…

Sur une petite table, il y avait quelques livres ; par terre, des chaussures aux semelles de caoutchouc, les sandales, une lampe de poche, un sac bleu, et sur le dossier d'une chaise pendaient un pantalon et des chemises. Sur la table de nuit, j'ai aperçu différentes lettres timbrées parmi lesquelles dépassaient des billets. Au moins, il recevait du courrier, c'était déjà ça. Dans un coin se trouvait la boîte à musique. Je l'ai prise et j'ai tourné plusieurs fois la clé. Lorsque M. Paul a entendu la musique, il a ouvert les yeux.

Grand-mère en a profité pour insister :

– Tenez, monsieur Paul, buvez sans rien laisser.

Il fallait bien qu'il la boive tout entière. Avec grand-mère, il n'est pas question de gaspiller ni une seule goutte ni une seule miette de nourriture.

Puis j'ai regardé les livres, en faisant bien attention à ne pas déchirer les pages. Le premier contenait de très belles photos de châteaux et de lacs, le second des photos d'arbres et de maisons blanches. Il y avait aussi des forêts comme celle de l'île de Corail, des montagnes et des vallées avec des vaches, au cou desquelles pendait une cloche.

– Grand-mère… pourquoi est-ce que l'on attache des cloches au cou des vaches ?

– Pour décorer, j'imagine…

– Pour ne pas qu'elles s'égarent, a répondu M. Paul d'une voix très faible.

– Monsieur a parlé ! s'est exclamée joyeusement grand-mère. Vous vous sentez mieux ?

– J'ai repris un peu de forces, merci.

Nous sommes restés un moment à ses côtés et je me suis rendu compte qu'il était content de nous avoir près de lui.

Grand-mère et moi, nous parlions à voix basse, et j'ai remarqué qu'il ouvrait de temps en temps un œil pour nous regarder.

Grand-mère lui a promis de lui apporter à manger tous les jours jusqu'à ce qu'il se remette complètement. J'étais content car, comme ça, je pourrais continuer de le voir et de feuilleter ses livres.

CHAPITRE 6

Une balade sur l'île

Une nuit, j'ai raconté à Juana combien j'étais heureux de voir que M. Paul se sentait mieux. Puis j'ai accroché une corde autour de son cou ridé de tortue, je suis monté sur sa carapace et elle m'a transporté jusqu'à l'île de Corail. Ma tortue est tellement belle que, même dans la nuit noire, des couleurs vertes, bleues et dorées brillent sur son dos, comme les reflets de la mer qui, à l'aube, met ses habits de fête pour célébrer le lever du soleil.

– Ça te plairait de jouer avec les écureuils ? m'a-t-elle demandé. Il est un peu tard, mais peut-être que l'un d'eux n'a pas sommeil et qu'il voudra jouer avec nous.

– Aujourd'hui, je voudrais entrer dans la montagne. Tu m'as promis qu'un jour…

Cette fois-ci, elle n'a pas fait non de la tête. Nous nous sommes dirigés vers un sentier aux pierres blanches qui scintillaient pour nous indiquer le chemin. Lorsque nous l'avons emprunté, des petites étoiles brillantes ont volé autour de nous ; c'étaient des milliers de lucioles qui s'agitaient dans tous les sens, comme si quelqu'un avait allumé un feu de joie.

– La prochaine fois, nous viendrons de jour, m'a promis mon amie, et je te conduirai jusqu'à la caverne de Joaquín le fantôme. Nous prendrons aussi Chori avec nous, qui te réclame chaque fois qu'il doit rester à la maison.

– Et tu n'auras pas peur de visiter la caverne ? lui ai-je dit inquiet.

– Je le ferai juste pour te faire plaisir, d'ailleurs je n'entrerai pas jusqu'au fond, m'a-t-elle répondu.

J'allais lui demander quel jour nous irions, mais à ce moment j'ai réalisé que j'étais de nouveau dans mon lit. Je me suis recouvert le visage avec le drap car le soleil entrait dans ma chambre. Je me suis tourné et retourné plusieurs fois, j'ai serré mon oreiller et, finalement, j'ai sauté du lit.

« Je dois aller chercher du bois sur la plage pour que grand-mère allume le feu, ai-je pensé. Si je n'y vais pas, il n'y aura pas de petit déjeuner. »

J'ai couru vers la plage. La mer m'offre toujours des bâtons blancs et luisants que le soleil s'occupe ensuite de sécher. Mais, parmi les morceaux de bois, je trouve aussi des bouteilles vides, des verres en plastique,

des canettes de bière et des tas d'autres choses. La pauvre mer ne sait pas quoi faire avec, alors elle les rejette sur le sable dans l'espoir que quelqu'un les enlève. Mais comme tout ça est à mettre à la poubelle, personne n'en veut. Moi, quand j'ai du temps, je ramasse tout ce que je peux et je le jette dans un tonneau en bois que les pêcheurs utilisent pour ranger leurs filets. Mais ils se fâchent avec moi chaque fois qu'ils le trouvent plein de détritus.

– Nous allons devoir acheter un conteneur à Rigo, se moquent-ils et, en maugréant, ils sortent tous les déchets et les entassent dans un trou. Pendant ce temps, je rentre chez moi, très content du cadeau que m'a fait la mer.

CHAPITRE 7

Visites et cadeaux

Papa est venu me voir ; il a parlé avec moi et grand-mère. Mes sœurs lui ont demandé de l'argent pour s'acheter des vêtements et des cahiers, et ils ont discuté de mon école.

– Il devrait déjà aller en classe, lui a dit ma grand-mère.

Papa me payera un uniforme et maman un autre et les cahiers.

– Rigo, m'a-t-il dit avant de partir, je t'aime beaucoup, et je veux que tu continues d'aider ta grand-mère. J'espère que tu ne fais pas de bêtises et que tu aimeras l'école à laquelle tu iras bientôt.

Je lui ai demandé pourquoi il venait nous voir si rarement, et il m'a de nouveau expliqué qu'il avait une femme et des enfants sur une autre plage, qu'il devait travailler très dur à pêcher toute la journée afin de gagner de l'argent pour nous et pour eux…

Maman aussi vient nous voir. D'ailleurs, dès que l'un des deux apparaît, l'autre arrive quelques jours plus tard.

Maman nous a embrassés et nous a serrés dans ses bras. Puis elle a ouvert un sac et a sorti des chaussures pour moi. Elles étaient un peu grandes, mais elle m'a dit qu'elles m'aideraient à grandir et que je pourrais les mettre pour aller à l'école. Elle m'a également apporté une chemise à rayures de toutes les couleurs. Inés et Leonor étaient aussi très contentes de leurs nouvelles robes. Elles les ont tout de suite essayées et m'ont demandé mon avis.

– Elles sont très belles, leur ai-je dit, mais je crois qu'elles sont un peu trop longues.

Elles ont souri.

– C'est comme ça qu'elles se portent, m'ont-elles rétorqué, très fières.

C'étaient certainement des vêtements qui allaient aussi les aider à grandir, comme mes chaussures.

Maman a aussi donné à ma grand-mère un sac de nourriture, un chemisier blanc à pois rouges et de l'argent. Nous étions tous très contents.

– Maman, nous avons un ami d'Allemagne, M. Paul, mais il est très malade. Grand-mère et moi, nous lui apportons à manger depuis quelques jours et nous le soignons !

Le visage de maman est devenu grave.

– Ne me dites pas que vous lui donnez la

nourriture que je vous envoie ! Il ne manquerait plus que ça ! Si vous saviez les efforts que je dois faire pour gagner de l'argent !

Je n'ai rien trouvé à répondre, mais grand-mère s'est défendue :

– Nous lui apportons juste de la soupe de poisson, avec les têtes que nous offrent les pêcheurs.

C'était presque vrai... sauf que, dans la soupe, il y avait aussi du riz et des légumes.

– Et puis, il va beaucoup mieux, il devrait partir dans peu de temps, a expliqué grand-mère.

J'ai senti mon cœur se serrer : comment M. Paul comptait-il partir, lui qui était encore si faible ? Non... grand-mère se trompait sûrement, il allait rester encore plusieurs jours.

Quand ç'a été l'heure de se coucher, maman s'est approchée de mon lit. Elle m'a gratté le dos comme j'aime pendant qu'elle parlait avec ma grand-mère et mes sœurs des vêtements neufs, du travail que chacune faisait, de douleurs dans le dos et aux jambes, et des choses qu'elles voulaient faire plus tard. Et peu à peu je me suis endormi, et cette nuit-là, je ne suis pas sorti me promener avec ma tortue. Blotti contre maman, j'ai rêvé que ma maison était une cachette tiède et pleine de lumière, qu'elle était devenue une grande boîte à musique d'où sortaient de belles mélodies joyeuses,

et dans laquelle mes sœurs et moi, nous vivions heureux avec papa, maman et grand-mère.

Chaque fois que maman retourne à la capitale, j'ai l'impression que quelque chose se détache dans ma poitrine. C'est un nœud de tendresse qui se desserre en moi, et ensuite je dois reprendre des forces pour me lever le matin et aller chercher du bois au bord de la mer pour que grand-mère puisse cuisiner. Je sais bien que c'est la tristesse, comme celle que ressent M. Paul, qui veut se mettre aussi dans mon corps.

CHAPITRE 8

Inés et Leonor

Aujourd'hui, je suis allé à la plage m'allonger au soleil comme un lézard. Les palmiers, les amandiers et les maisons blanches se reflétaient sur le sable mouillé. La marée montait jusqu'à moi, m'entourait de ses bras frais et transparents, et m'offrait de petits escargots et des coquillages de toutes les couleurs. Elle montait de plus en plus haut jusqu'à me recouvrir les cheveux. Puis elle redescendait sur le sable en formant des petits sillons et des remous, qui ressemblaient à des nuages gris, tandis que les rayons du soleil tombaient à la verticale. Alors je me suis levé et j'ai sauté dans l'écume froide de la mer en pensant que mon amie Juana m'emmènerait peut-être aujourd'hui dans la caverne de Joaquín le fantôme, même si j'avais peur.

J'aimerais pouvoir jouer plus souvent avec mes sœurs, mais elles sont toujours occupées. Inés a onze ans, et grand-mère prétend qu'un malin génie l'a ensorcelée, car elle est maigre et ne grandit pas.

– Rigo va bientôt être aussi grand que toi, lui dit-elle avec inquiétude.

Mais ma sœur hausse les épaules comme pour dire que ce n'est pas grave.

Leonor a treize ans. Maman pense l'emmener l'année prochaine pour qu'elle l'aide à préparer les repas. De toute façon, quand elle aura terminé le collège, Leonor ne veut plus retourner à l'école.

Inés est en 6e et c'est elle qui aide grand-mère à pétrir la pâte des galettes. Je reconnais tout de suite celles que grand-mère a faites car elles sont grandes comme des assiettes. Celles d'Inés sont rondes aussi, mais plus petites. Grand-mère les met sur une plaque en terre et, avec la chaleur, elles gonflent comme de petits crapauds blancs mais, une fois qu'elles sont dorées, elles se dégonflent et on peut les déguster. C'est délicieux. Je pourrais en avaler trois, mais on ne m'en donne que deux.

Lorsqu'elles ont le temps, nous jouons à cache-cache, mais elles sont toujours à l'école, elles doivent faire leurs devoirs, aider grand-mère à cuisiner ou à faire le ménage. Quelquefois, Leonor va au restaurant pour faire des jus de fruits. Je crois qu'il y a là-bas un garçon qui plaît à ma sœur. Une fois, je les ai vus marcher ensemble au bord de la mer. C'est peut-être pour ça que maman veut l'emmener avec elle à la capitale.

CHAPITRE 9

Amis

L'après-midi, je suis allé rendre visite à M. Paul. Il se sentait mieux et avait envie de discuter.

– Rigo, m'a-t-il dit, nous allons trinquer avec du lait de coco et, à partir de maintenant, je te demanderai de m'appeler Paul. Ne m'appelle plus « Monsieur » ou « M. Paul », nous sommes des amis. En Allemagne, c'est une tradition, on trinque lorsqu'une grande personne autorise un enfant à le tutoyer.

– C'est comme ça ? ai-je dit en souriant.

– Santé, a dit Paul.

– Santé, ai-je répondu.

Et nous avons entrechoqué nos verres. Dans ces cas-là, mon papa dit : « Santé, argent et tout le loisir pour le dépenser. »

Paul a souri.

– Je veux que tu apprennes deux mots en allemand : « ia » et « naïn ». Ils se prononcent ainsi mais s'écrivent d'une autre façon. Plus tard, quand tu iras à l'école, je te montrerai comment ils s'écrivent. *Ia* veut dire oui, et *naïn* veut dire non.

– C'est facile ! me suis-je exclamé, heureux.

Puis il a ouvert un livre d'images sur l'Allemagne. Je lui ai demandé pourquoi les arbres et les maisons étaient de couleur blanche.

– C'est à cause de la neige, m'a-t-il répondu.

Et il m'a expliqué que, dans certains pays, il fait très froid en hiver. Que tu peux te retrouver congelé comme les glaces qu'ils vendent au restaurant. Je lui ai demandé comment s'appelait l'endroit où il était né.

– Berlin.

– Et votre femme aussi était de là-bas ?

– Non, Isolde vivait ailleurs, près de grandes montagnes, mais c'est ici que je l'ai connue, dans ce pays où nous vivons toi et moi, au cours d'un voyage que j'ai dû faire, car je vends des instruments de musique fabriqués en Allemagne. Nous nous sommes mariés et nous étions très heureux avec notre fille Gretel. J'ai eu tellement de chagrin à la mort d'Isolde que je suis tombé malade.

– Mais vous allez bientôt guérir, j'en suis sûr.

– Tu crois, Rigo ?

– *Ia* ! lui ai-je répondu en allemand, et Paul a souri en découvrant toutes ses dents.

Je me suis mis à penser que moi aussi j'étais triste, avec mon papa d'un côté et ma maman de l'autre... c'était comme être orphelin. Nous sommes restés sans parler pendant un bon moment. Paul avait beaucoup de choses en tête, et moi aussi.

CHAPITRE 10

La caverne du fantôme Joaquín

Ma tortue Juana est arrivée tard dans la nuit car je n'arrivais pas à m'endormir. Si tu penses à l'école, aux chaussures trop grandes, et à la neige des autres pays, et qu'en plus tu as l'estomac qui gargouille à cause de la faim, eh bien… forcément cela t'empêche de dormir.

– Tu es prêt pour aller dans la montagne ? m'a demandé mon amie dès qu'elle est apparue.

Chori était à côté de moi et me regardait avec des yeux suppliants.

– Tu veux venir avec nous ?

Chori ne m'a pas répondu et est allé se mettre en face de Juana.

– Vous n'avez jamais voulu m'emmener avec vous. Je dois toujours rester là tout seul. Je dois aussi vous dire que je n'ai plus peur, car j'ai appris à nager.

– Bon… eh bien montez tous les deux sur ma carapace. Nous partons sans plus tarder.

Chori est monté le premier et je me suis installé derrière. Nous avons vogué sur la mer qui, à cette heure, était calme ; la lune nous éclairait de son sourire. L'île de Corail s'approchait de nous au milieu d'un grand silence. Juana nageait de plus en plus vite.

Une plage de sable blanc pleine de coquillages rosés et d'escargots jaunes nous attendait. J'ai été surpris de voir une barque qui se balançait près du rivage. C'est là que Juana s'est arrêtée. Nous sommes sortis de l'eau et nous avons commencé à nous diriger vers la montagne. Nous marchions lentement car la jungle était très dense et il fallait faire attention aux branches et aux lianes qui pendaient des arbres. Les cigales, les grillons, les chouettes et autres oiseaux nocturnes faisaient beaucoup de bruit en chantant tous à la fois. Le vent aussi sifflait entre les arbres, comme s'il voulait nous dire quelque chose.

Puis les chants se sont amplifiés. Chori a dressé les oreilles et Juana s'est figée sur place.

– Qu'est-ce qui se passe ? La jungle entière est devenue folle ou quoi ? Taisez-vous ! me suis-je écrié, furieux.

– Pourquoi cries-tu ainsi ? m'a demandé Chori. Voilà qui s'appelle être impoli.

– Ne commence pas avec tes sermons, Chori, ou c'est la dernière fois que tu viens avec moi.

Des milliers d'yeux jaunes et rouges se sont approchés de nous et nous ont encerclés.

– Pourquoi leur as-tu demandé de se taire ? Pourquoi as-tu voulu arrêter leur orchestre ? m'a grondé Juana.

– Parce qu'ils font trop de bruit, cela m'énerve, je ne peux plus le supporter.

– Chantons avec eux au lieu de les faire taire. Est-ce que les oiseaux ont jamais fait taire la pluie ? Au contraire, ils sont contents de chanter avec elle.

Et, se tournant vers les créatures, elle leur a dit :

– Écoutez-moi les amis ! Rigo plaisantait,

reprenez votre chant. Nous sommes venus ici pour chanter avec vous.

– Chante ! m'a ordonné Chori, en découvrant les dents comme quand il s'apprête à mordre quelqu'un.

– Je n'aurais pas dû t'amener ici. Je ne savais pas que tu aimais autant commander, ai-je répondu à mon chien.

– Allons, chantons, dit Juana d'une voix douce.

Je me suis souvenu de la mélodie de la boîte à musique de Paul et j'ai commencé à la fredonner. Aussitôt la montagne et l'île entière se sont illuminées comme si le soleil venait de se lever.

Des fleurs parfumées aux couleurs étincelantes, des champignons à chapeau pointu et des lichens vert et rouge, comme ceux qui, selon grand-mère, sortent avec la pluie, ont surgi du sol.

Des cascades de fleurs jaunes tombaient des arbres, ainsi que des orchidées blanches, roses et lilas. À nos pieds s'est mis à couler un ruisseau d'eau fraîche qui se jetait dans la mer.

La caverne du fantôme est soudain apparue devant nous, comme une grande bouche sans dents, mais je n'ai pas été trop effrayé car il y avait de la lumière comme en plein jour.

– Entrons, ai-je proposé à Juana.

– Non, je n'ai pas envie d'entrer. Je t'attends dehors.

– Euh, c'est-à-dire que… j'ai un peu peur d'entrer tout seul.

– Je ne te savais pas si peureux, m'a dit Chori d'un ton moqueur et antipathique.

– Ne m'oblige pas à t'accompagner, m'a supplié Juana. Ce serait encore plus dur à deux.

– À trois ! N'oubliez pas que je suis là moi aussi, s'est défendu Chori.

– Allons, Juana, s'il te plaît, tu ne vois donc pas que je n'ai que huit ans ? J'ai peur mais, en même temps, je brûle de curiosité…

– Ne fais pas attention à lui, Juana, il est têtu et borné.

– Ne t'inquiète pas, Chori, nous allons faire comme il dit, a répondu tristement la tortue.

À travers ses lunettes de soleil, j'ai remarqué ses yeux inquiets. Mais de sa voix douce et tranquille, elle m'a encouragé :

– Entrons tout de suite.

La caverne sentait l'humidité, et des gouttes d'eau tombaient du plafond. Des milliers de chauves-souris se sont envolées. Le sol était couvert d'une mousse orange où poussaient de petites plantes épineuses. Soudain, une lumière est apparue au fond de la grotte et Chori, les oreilles dressées, a failli tomber à la renverse.

Une voix tonitruante a retenti autour de nous :

– De quel droit entres-tu dans mon domaine, tortue Juana ? Tu sais pourtant que toi et moi, nous ne pouvons pas être ensemble.

Et aussitôt après, une vague gigantesque est arrivée sur nous. La vague faisait le bruit de la mer quand il y a une tempête, mais elle avait la forme d'un fantôme. Il grandissait à vue d'œil et s'apprêtait à nous avaler tous les trois.

– Ha ! ha ! riait-il d'une voix sonore.

Je suis descendu de la carapace de Juana, j'ai attrapé Chori par une patte et j'ai couru vers la sortie. À cet instant, la lumière a disparu et nous avons été de nouveau plongés dans l'obscurité. J'étais terrifié !

– Juana est restée à l'intérieur, ai-je dit en pleurant.

À ce moment, l'île de Corail a disparu, car grand-mère a commencé à me secouer pour chasser mon cauchemar.

CHAPITRE 11

Réveil

– Non, grand-mère, ne me réveille pas, je dois retourner dans la caverne.

– Qu'est-ce que tu me racontes ! Tu n'as pas arrêté de crier et de pleurer toute la nuit. Tu vas finir par réveiller tes sœurs avec tout ce vacarme. Les pauvres petites, elles qui travaillent si dur et ne peuvent même pas dormir tranquillement. Ah, mon Dieu !

Puis, sans être invitée, la lumière du jour est passée entre les lattes en bois de notre cabane. Des feuilles de palmier recouvrant le toit pendaient plusieurs chauves-souris, qui me regardaient la tête à l'envers et me faisaient penser à la caverne de Joaquín. Là-dessus, mon chien est apparu.

– Que va-t-il arriver à Juana, mon Chori ?

Il m'a regardé d'un drôle d'air et s'est glissé sous le lit.

Je me suis levé de mauvaise humeur, avec l'envie de pleurer. Je me sentais coupable d'avoir abandonné ma meilleure amie. Je suis allé dehors et me suis mis à marcher sans but. Chori me suivait, l'œil triste.

Je me suis jeté sur le sable, j'ai appuyé mes bras contre un tronc d'arbre et j'ai sangloté sans pouvoir m'arrêter. J'étais très malheureux.

Tout d'un coup, deux sandales sont apparues à côté de moi. C'était mon ami Paul, droit comme un palmier, coiffé de son grand chapeau.

– Paul ! ai-je gémi, en serrant ses longues jambes.

– Qu'est-ce qui t'arrive, mon garçon ? a-t-il demandé en m'ébouriffant les cheveux. Que signifient ces larmes et ces yeux rouges ? Et toi Chori, cesse donc de remuer ce bout de queue, il va finir par tomber. Allons chez moi. Nous prendrons un bon petit déjeuner pendant que tu me raconteras ce qui t'est arrivé.

Je l'ai pris par la main comme les jours où vient papa, et nous avons marché le long de la plage.

Chori avait une faim de loup mais pas moi. J'ai aidé Paul à laver la vaisselle, comme avec grand-mère, et je me suis assis sur une chaise.

– Alors, qu'est-ce qui ne va pas ? m'a interrogé Paul.

Je lui ai tout raconté et il est resté sans rien dire pendant un moment.

Puis il m'a conseillé d'attendre les nuits prochaines, que Juana revienne. Et je suis rentré chez moi.

La nuit est arrivée, puis une autre, puis encore une autre… et grand-mère a insisté pour que je dorme car sinon je risquais de tomber malade.

– Je vais devoir l'emmener chez le docteur. Il ne peut pas continuer comme ça, disait-elle avec inquiétude.

Le dimanche matin, Paul est venu voir grand-mère.

Ils ont longtemps discuté tous les deux.

Ils ont parlé de mon école, de papa, de maman, et aussi de quelque chose que je n'ai pas pu entendre car ils ont baissé la voix.

– M. Paul veut que tu passes une semaine avec lui. Il va t'apprendre d'autres mots en allemand et te montrer des livres sur de nombreux pays, m'a dit grand-mère.

– Mais qui ira te chercher le bois pour que tu puisses cuisiner ?

– Ce n'est pas un problème. Inés et Leonor pourront le faire cette semaine à ta place.

– Allons-y, m'a dit Paul en me tendant la main.

Mes sœurs m'ont regardé avec envie.

Ce soir-là, Paul m'a donné un verre de lait et des biscuits et m'a dit d'essayer de dormir.

– Dans moins d'une semaine, ta chère Juana devrait réapparaître. Ne t'en fais pas, je vais t'aider.

– Tu n'as pas peur de Joaquín le fantôme ?

– *Naïn*, m'a-t-il répondu. En plus, comme il doit certainement encore quelques pièces à saint Alexis, si Juana apparaît, je donnerai de l'argent à une personne pauvre au nom de Joaquín, pour que le malheureux fantôme puisse reposer en paix.

– Comme c'est gentil ! me suis-je exclamé, ravi. Cela va peut-être nous aider.

– Maintenant, m'a dit Paul, je veux t'apprendre un autre mot en allemand : *danke*, qui veut dire merci.

– C'est facile, cela ressemble à tank. *Danke, danke, danke*, ai-je répété tandis que Paul souriait.

Je lui ai souhaité bonne nuit et je me suis couché dans les draps douillets, aux rayures vertes et blanches.

CHAPITRE 12

Sauvetage

Cinq jours ont déjà passé et j'ai beau fermer les yeux et penser à elle de toutes mes forces, Juana n'apparaît toujours pas.

Paul m'a appris à écrire mon prénom. Pas Rigo, mais Rodrigo, avec sept lettres comme il dit. J'ai appris aussi à compter jusqu'à dix, et bientôt j'apprendrai à compter en allemand.

Hier soir, dans mon rêve, j'ai pensé que Juana viendrait me chercher. J'étais très ému ; mon cœur tambourinait très fort, comme chaque fois que mon amie apparaît, sauf que ce n'est pas elle qui est arrivée mais Paul.

– Que fais-tu dans mon rêve ? lui ai-je demandé.

– Ne t'ai-je pas dit que j'allais t'aider ? a-t-il dit en souriant.

– Si, si, ai-je répondu, heureux.

– Je vais appeler ma barque, que j'ai laissée là-bas la dernière fois que j'y suis allé.

Paul a claqué des mains et nous l'avons aperçue au loin, qui s'approchait vers nous à toute vitesse. J'ai compris que la barque que j'avais vue la première fois était celle de mon ami.

– Tu es souvent allé sur l'île ? lui ai-je demandé.

– Oui, quelquefois.

– Et pourquoi as-tu abandonné ta barque là-bas ?

– Parce que je me suis réveillé à ce moment-là.

– Et où sommes-nous maintenant ?

– Exactement à l'endroit où commencent les rêves.

J'ai baissé les yeux et j'ai vu le reflet de nuages de différentes couleurs qui tournaient et se perdaient dans la mer. C'était la mer de Barco Quebrado et le sable était caché par le brouillard.

– Paul, tu as vu Juana ?

Il n'a pas répondu tout de suite. Il a dispersé le brouillard d'un coup de pied et a dit :

– Ta tortue Juana se trouve dans la grotte, elle est prisonnière de Joaquín le fantôme.

J'ai avalé ma salive.

– Et tu as vu le fantôme ?

– *Ia*, *ia*, il est épouvantable. Je suis allé le voir pour avoir des nouvelles de ton amie. Je l'ai vue, elle était enchaînée. J'ai supplié Joaquín de la relâcher, je lui ai dit combien tu souffrais, mais il m'a répondu qu'il ne pouvait rien faire. Il était furieux, entouré de la foudre et des éclairs.

Je me suis mis à trembler. Plus aucun son ne sortait de ma bouche.

– Du calme, m'a encouragé Paul.

Il m'a serré la main et j'ai senti qu'une vague de chaleur parcourait mes veines. Nous sommes montés dans la barque et avons commencé à naviguer en direction de l'île. L'embarcation avançait lentement sur l'eau. J'ai respiré plusieurs fois profondément tandis que Paul continuait son récit :

– Ton amie dort avec ses lunettes sur le nez. C'est une chance qu'elle ait pu les garder car la lumière de Joaquín le fantôme est trop forte pour ses yeux. Elle est très faible, Rigo, car elle ne se nourrit que de ton affection. Elle est attachée par une chaîne de coraux rouges très fins. Voilà pourquoi elle ne peut pas venir jusqu'à ton rêve. La peine l'a tellement affaiblie que sa carapace perd de son éclat à mesure que les jours passent. Le bleu, le vert et le doré ont pris une couleur bleu pâle, très pâle et, s'ils deviennent transparents, elle mourra. Les choses ne peuvent pas être transparentes dans les rêves, car sinon elles ne se voient plus, et qui pourra alors les trouver ?

Nous sommes arrivés sur l'île.

– Prends ce sac bleu, m'a dit Paul. Tu vas avoir besoin de ce qu'il y a dedans. Sois sans crainte, entre dans la grotte, je t'attendrai dehors. Si jamais tu es en danger, appelle-moi, je viendrai à ton secours, mais il vaut mieux que tu agisses seul. Aie confiance en toi, tu vas réussir, sois-en sûr. Tu as compris ?

J'ai sauté de l'embarcation. Il fallait que je sauve Juana ! Même si j'avais très peur, je devais pénétrer sans hésiter dans la caverne. Je me suis approché à pas lents de la bouche noire, qui était plongée dans le silence.

Je suis entré à tâtons dans l'obscurité. Soudain, un hurlement a retenti et une lumière éclatante a projeté mon ombre sur la paroi. Tremblant de tout mon corps, j'ai commencé à chercher partout dans l'espoir de découvrir mon amie.

– Mon Dieu, où est donc passée ma tortue ? ai-je pensé à voix haute tandis que mon cœur battait à tout rompre. Elle est là ! ai-je crié en l'apercevant.

C'était une petite boule de rien du tout, c'est à peine si je parvenais à la distinguer, et tout cela était de ma faute. Je me suis vite approché d'elle.

– Ma Juana chérie !

Je lui ai retiré ses lunettes ; elle avait les yeux à demi fermés, comme ceux de Paul lorsqu'il était malade. Je me suis penché vers elle et j'ai pleuré sur sa carapace.

– Je t'aime beaucoup, pardonne-moi, je n'aurais jamais dû t'obliger à entrer dans cette maudite grotte.

J'ai posé le sac bleu par terre et j'ai commencé à lui caresser la tête. Je n'avais pas besoin de lui parler, elle sentait combien je souffrais, je regrettais et aussi combien je l'aimais. Je l'ai embrassée sur sa peau froide et fripée et j'ai remarqué que ses couleurs revenaient peu à peu.

– Tu m'as beaucoup manqué, Rigo. J'ai cru que je ne te reverrais jamais.

Je l'ai de nouveau serrée dans mes bras, mais notre joie a été de courte durée. Il y a eu un éclair puis l'énorme vague à tête de fantôme est apparue et s'est précipitée sur nous.

– Noooonn ! ai-je crié en voyant son horrible grimace.

– Siiiii ! Je suis le fantôme de Joaquín, ton cauchemar. Tu as commis une grave erreur en amenant ton amie ici.

– Pourquoi ? ai-je demandé d'une petite voix plaintive.

– Parce que les beaux rêves ne peuvent pas se mélanger aux cauchemars, idiot. Et maintenant, tu vas voir ce qu'il en coûte, a-t-il dit avec colère en essayant de m'engloutir dans son énorme vague.

– Laisse Rigo tranquille ! lui a ordonné Juana en tentant de se libérer.

Les magnifiques couleurs de sa carapace brillaient sous les feux du fantôme qui se rapprochait de plus en plus.

– Je n'ai pas peur de toi, fantôme de Joaquín ! Juana et moi, nous allons te montrer que nous ne sommes pas des lâches. Et ensemble, nous allons lutter pour que tu ne reviennes plus jamais te fourrer dans mes rêves !

Je me suis souvenu du sac que m'avait donné Paul. Lorsque je l'ai ouvert, j'ai entendu des notes de musique. J'ai sorti avec émotion la boîte rouge et étincelante. J'ai tourné plusieurs fois la clé et la belle mélodie s'est répandue dans l'air. Aussitôt, le sentier de pierres blanches s'est illuminé ; la lumière du soleil est entrée par toutes les ouvertures de la montagne et a envahi la grotte. La grimace de Joaquín s'est effacée peu à peu et l'énorme vague s'est transformée en une petite flaque d'eau ridicule.

J'ai tourné les yeux vers l'endroit où était attachée Juana, mais de sa chaîne, il ne restait plus que des morceaux de corail. J'ai alors levé la tête et quelle n'a pas été ma surprise de la voir en train de voler avec une paire d'ailes dorées !

– En avant ! Monte ! m'a-t-elle ordonné en planant au ras du sol.

Nous avons fait un tour dans l'immense caverne, puis nous sommes sortis à l'air libre. Les feuilles des arbres vibraient telles de petites harpes vertes. Les fourmis se sont mises à chuchoter et les singes à se balancer de liane en liane. Les écureuils courbaient leurs longues queues grises et, à l'éclat de leurs petits yeux vifs, les serpents avaient l'air heureux.

Au milieu de la montagne, Paul nous attendait en nous faisant de grands signes avec son chapeau. Je portais la boîte à musique dans ma main. Je me suis rendu compte que j'avais oublié le sac bleu dans la grotte mais Paul m'a dit que ce n'était pas grave, qu'ainsi nous aurions une excuse pour retourner sur l'île un autre jour.

– Comment vas-tu rentrer chez toi, Paul ? lui ai-je demandé tout en volant à plusieurs mètres au-dessus de la terre.

– Avec ma barque, ne t'inquiète pas. Bon vol !

CHAPITRE 13

Retour et adieux

Nous ne sommes pas rentrés immédiatement. Nous avons survolé Barco Quebrado, les maisons des pêcheurs, nous avons frôlé le toit en paille de la cabane de grand-mère ; et, si mes sœurs m'avaient vu, elles en seraient tombées à la renverse ; puis nous avons plané au-dessus de la maison de Paul.

Chori a été le premier à me voir, et il s'est mis à aboyer tellement fort que je me suis réveillé.

Je ne voulais pas ouvrir les yeux afin de prolonger le plus longtemps possible ce vol merveilleux, mais j'ai soudain reconnu la voix de mon ami :

– Bonjour, Rigo, m'a-t-il lancé d'un ton joyeux.

Chori est monté sur mon lit et a commencé à me lécher le visage. Paul m'a fait un clin d'œil puis est allé à la cuisine préparer le petit déjeuner pour nous trois. Il était très content, car sa fille Gretel lui avait envoyé une lettre dans laquelle elle l'invitait à venir en Allemagne la semaine prochaine.

– La semaine prochaine ! me suis-je exclamé, les larmes aux yeux, et j'ai couru serrer mon ami contre moi.

Il m'a pris dans ses bras.

– Je serai de retour bientôt, Rigo.

– Mais je voudrais apprendre d'autres mots en allemand. Et puis tu es encore très faible. Et grand-mère serait très contente si tu te mariais avec elle. Elle te ferait des galettes qui ressemblent à de petits crapauds blancs et puis …

– Du calme, Rigo. Laisse-moi te parler. Ne crois pas que je m'en vais pour toujours. Je veux revenir dans ce pays qui m'a si bien accueilli et que j'aime tant. Je reviendrai à Barco Quebrado dès que j'aurai réglé des papiers avec mon avocat. Sais-tu seulement pourquoi je souhaite revenir ici ? Parce que mon ami Rigo m'a aidé à guérir de ma tristesse. Je ne pourrai jamais oublier ce que tu as fait pour moi ni notre belle amitié.

Mais je continuais à avoir les yeux baignés de larmes car, chaque fois que quelqu'un s'en va, le nœud de tendresse que j'ai dans le cœur se défait.

Grand-mère a invité Paul à manger des crevettes avant son départ, et ils ont encore parlé de moi.

– Je me chargerai de lui payer l'école ce

premier trimestre, et ensuite nous verrons, a dit Paul. Dans cette enveloppe, il y a de l'argent pour vous, madame Beatriz, et pour Inés et Leonor, vous qui m'avez soigné et qui avez lavé mon linge.

Mes sœurs l'ont embrassé pour le remercier, et grand-mère s'est mouchée à plusieurs reprises.

– Rigo, je te confie mes livres jusqu'à mon retour. Fais bien attention à eux car les livres sont le plus beau des trésors.

– Et la boîte à musique ?

Paul a souri.

– Tu vois la fleur blanche qu'il y a sur le couvercle ? On l'appelle edelweiss. C'est une fleur qui pousse sur les plus hautes montagnes des pays dont tu as vu les photos sur mes livres, là où il y a de la neige en hiver. La plus grande preuve d'amour qu'un jeune homme puisse faire à sa fiancée, c'est de lui offrir un edelweiss, car pour atteindre les cimes de ces montagnes, où presque plus rien ne pousse, le jeune homme court le risque de glisser, de tomber ou même de perdre la vie.

– Quelle belle fleur !… Et tu en as offert une à ta femme ?

– Oui, quand j'étais jeune, je suis monté sur un de ces sommets et j'ai cueilli pour elle un edelweiss. Elle était très heureuse. Et maintenant, mon cher Rigo, prends, c'est pour toi.

– Quoi donc… ?

– Je t'offre la boîte à musique en témoignage de mon amitié.

– Elle est pour moi ?

– Elle est pour toi. Elle appartenait autrefois à Gretel, qui s'endormait avec en écoutant la mélodie. Je t'en fais cadeau. Ta tortue sera très heureuse de l'écouter la nuit. Je m'en vais l'esprit tranquille car je vois que tu es maintenant un petit homme courageux. Continue d'aider ta grand-mère et occupe-toi de tes sœurs.

La veille du départ de Paul, Juana, Chori et moi, nous sommes allés lui dire au revoir

sur la plage. J'avais emmené la petite boîte à musique. Lorsque mon ami est monté dans sa barque, je me suis arrêté au bord de mon rêve et j'ai commencé à tourner la clé.

– *Danke*, *danke*, *danke*, lui ai-je murmuré.

– Quelles bêtises es-tu en train de raconter ? m'a interrogé Chori.

– Cela veut dire merci en allemand.

Juana a voulu savoir comment on disait « Rentrons, il se fait tard ». Je le saurai quand mon ami reviendra.

La mélodie s'élevait dans l'air. Paul s'éloignait en disant au revoir, et agitait son grand chapeau à mesure qu'il disparaissait à l'horizon.

TABLE DES MATIÈRES

Lara Ríos, de son vrai nom Marilyn Echeverria Zurcher, est née en avril 1934 à San José, au Costa Rica. Elle a choisi ce pseudonyme pour se différencier de son grand-père, grand poète national, Aquileo J. Echeverria. Elle a publié plusieurs livres pour la jeunesse qui ont été récompensés par de nombreux prix. Elle est mariée et mère de quatre enfants.

Vicky Ramos est née à San José, au Costa Rica, en 1960. Elle a illustré plus d'une vingtaine de livres et collaboré à de nombreux magazines. Son œuvre a été distinguée par le prix Aquileo J. Echeverria, la plus haute récompense artistique de son pays, et est aujourd'hui reconnue au-delà de ses propres frontières. Ses dessins manifestent son intérêt pour les droits de l'homme, les problèmes d'environnement et la nature.